AF509372

LA VEUVE AU CAMÉLIA

SCÈNES DE LA VIE PARISIENNE

PAR

MM. SIRAUDIN, L. THIBOUST et DELACOUR

Représentée pour la première fois, à Paris, sur le théâtre du PALAIS-
ROYAL, le 23 septembre 1857.

PARIS

MICHEL LÉVY FRÈRES, LIBRAIRES-ÉDITEURS

RUE VIVIENNE, **2** bis.

—

1857

Distribution de là pièce.

ALFRED COQ-HÉRON.................. M. RAVEL.
MADAME DE MONTAUBIN (Suzanne),
   jeune veuve.................... Mlles ALINE DUVAL.
CLARA, soubrette.................. DINAH.

LA VEUVE AU CAMÉLIA

Rue de Provence en 1856. — Intérieur élégant. Boudoir : meubles de boule, tapis, tableaux, deux canapés au premier plan, l'un à droite, l'autre à gauche; un guéridon au milieu du théâtre avec objets d'arts superposés; un piano, à droite, deuxième plan, un portrait au-dessus; une fenêtre, à droite, premier plan.

SCÈNE PREMIÈRE.

CLARA, puis SUZANNE.

(Au lever du rideau, Clara à la fenêtre.)

CLARA.

Tiens! Madame qui rentre déjà... la visite n'a pas été longue!... il lui sera arrivé quelque aventure... elle est si singulière, Madame... Voilà ce qu'on appelle une véritable fantaisiste. (Entre Suzanne. Toilette élégante, mais un peu excentrique*.)

SUZANNE, riant aux éclats.

Ah! ah! ah! c'est charmant!... c'est délicieux!... Clara!

CLARA.

Madame!...

SUZANNE.

Tu connais bien M. Camuzet?...

CLARA.

L'avoué de Madame... Il vient assez souvent...

SUZANNE.

Je sors de chez lui... J'étais allée pour retirer les pièces de mon procès... Il vient de me faire une déclaration...

CLARA.

Parce que Madame l'a bien voulu... Madame avait une manière de lui sourire.

SUZANNE.

Oui... je voulais voir comment un avoué s'y prend... pour parler d'amour... C'est curieux... (Riant.) une véritable requête... moins le papier timbré... c'était très-amusant... Je suis partie d'un éclat rire... j'ai ouvert à deux battants les portes de son cabinet, et je l'ai laissé seul à genoux devant tous ses clercs, qui riaient... Ah! ah! quelle bonne figure il faisait!.. Le voilà obligé de vendre son étude.

* S. C.

CLARA.

Prenez garde, Madame...

SUZANNE, qui a ôté ses gants et son chapeau.

Ah! j'avais besoin de ça pour m'égayer ce matin... Je me suis réveillée avec des idées noires. Je vais te dire une chose qui va bien t'étonner... En déjeunant, je me suis mis à regretter que mon mari fût mort...

CLARA.

Vraiment, Madame?

SUZANNE..

C'est si triste de déjeuner seule!

CLARA.

Monsieur le comte était pourtant bien désagréable... toujours à son club...

SUZANNE, pensive.

Oui... le club des pommes de terre... pommes de terre club *.

CLARA.

Il grondait sans cesse... colère, taquin, rageur, soupçonneux, avare et méchant.

SUZANNE.

Assez, Mademoiselle. (S'arrêtant devant un grand portrait qui représente un grand monsieur bien mis avec moustaches et favoris.) Et voilà comme cette fille te traite, mon Raoul... toi si noble, si grand!...

CLARA.

Par exemple, Madame, monsieur le comte était tout petit...

SUZANNE.

Taisez-vous... (Au portrait.) Mon Raoul!.. je te vois encore le jour où tu demandas ma main à mon père... J'acceptai avec fierté... je m'ennuyais tant dans ma famille!.. (Changeant de ton.) Telle que tu me vois, Clara, j'ai été élevée dans le coton... mon père était bonnetier, profession peu brillante, mais lucrative... J'avais deux cent mille francs dans chaque main le jour où M. de Montaubin me conduisit à l'autel...

CLARA.

Quatre cent mille francs de dot !

SUZANNE, regardant le portrait.

Quelle noblesse dans le regard!.. comme c'est bien là mon Raoul!

CLARA.

Oh! oh!.. il me semble que monsieur le comte avait le nez... comment dirai-je ça... un peu plus...

SUZANNE, regardant le portrait avec son lorgnon.

Tu crois... oui, tu as raison... Oh! ce nez est manqué tota-

* C. S.

lement... il faut renvoyer ce portrait au peintre... Tu lui
expliqueras bien comment était fait le nez du comte, n'est-ce
pas, mon enfant *?.. (Elle s'assied sur le divan à gauche.)

CLARA.

Oui, Madame... Du reste, c'est par attachement pour Madame que je me suis permis de parler ainsi de M. de Montaubin... j'aime Madame, moi... et je sais bien que Madame n'é-
tait pas heureuse... Monsieur le comte était violent.

SUZANNE.

Jaloux, brutal, insupportable... S'il avait vécu, j'aurais
plaidé en séparation... (D'un ton dolent.) Ou bien je me serais
poignardée, Clara !.. c'est égal, je ne suis pas heureuse.

CLARA.

Est-il possible?.. veuve à vingt-quatre ans... et riche...

SUZANNE.

Tout m'agace... ce procès que m'a fait la famille de mon
mari, pour des terres en Touraine...

CLARA.

Madame l'a gagné... grâce à ce jeune avocat qui a, dit-on, si
bien plaidé...

SUZANNE.

Oui... j'ai lu son plaidoyer... Il paraît que c'est un jeune
homme... avocat en province, avec un pareil talent!.. J'aurais
voulu le voir...

CLARA.

Il a fait gagner cinq cent mille francs à Madame... ça en
vaut la peine...

SUZANNE.

'Aussi, l'ai-je bien payé... Mais j'aurais voulu le remercier
de vive voix... on le dit très-bien... (Avec mélancolie.) Clara !..

CLARA.

Madame?..

SUZANNE.

Je m'ennuie.

CLARA.

Remariez-vous... ça vous distraira.

SUZANNE, se levant.

Me remarier, jamais!.. avec ça qu'aujourd'hui, les hommes
sont jolis!.. Des petits messieurs qui portent des jarretières
en guise de cravates, et qui vous saluent comme ça... (Elle
salue de la tête en arrondissant les bras.)

CLARA, riant.

Oui... des gaudins ..

SUZANNE.

Plaît-il?..

* S. C.

CLARA.

Rien, Madame!.. c'est un mot que j'ai entendu au théâtre
du Palais-Royal.

SUZANNE, continuant.

Et qui, lorsqu'ils entrent dans nos salons, exhalent un
parfum de cigare à faire tomber à la renverse un carabinier...
Oh! non!.. j'aime bien mieux être coquette avec eux... un
mot, un regard.. et les voilà partis... Si tu savais le plaisir
que j'ai à me faire faire la cour... et quand enfin ils tombent
à mes genoux, à me moquer d'eux... en leur riant au nez...
Je n'ai que ces moments-là d'heureux... mais c'est bien amusant...

CLARA.

Prenez garde, Madame... c'est quelquefois dangereux...

SUZANNE.

Allons donc!.. la coquetterie!.. c'est le bonheur, c'est la
vengeance!

AIR de *M. Mangeant.*

Rien n'est plus gai, plus amusant,
Leur désespoir est si plaisant!
C'est un bonheur de se venger,
Et j'aime à les faire enrager.
Pouvons-nous croire à ces grands mots
Qu'ils débitent à tout propos :
« Madame, vos yeux sont si doux!
Mon âme n'espère qu'en vous.
Je le sens, mon cœur, en ce jour,
Sous vos regards s'ouvre à l'amour.
Je vous aime!.. — Parlez plus bas...
Non, Paul, non, vous ne m'aimez pas. »
Puis viennent les soupirs, les pleurs.
« Un seul mot d'espoir, ou je meurs...
Prononcez enfin sur mon sort...
Est-ce la vie?... est-ce la mort?
Parlez... je tombe à vos genoux.
Je suis fou... — Paul, relevez-vous.
De grâce, écoutez la raison.
— Je n'écoute rien. — Pourtant... — Non »
Et quand enfin tremblants, émus,
Leurs cœurs ne trouvent rien de plus,
Dédaignant alors vous sonnez...
On vient... vous leur riez au nez...
Rien n'est plus gai, plus amusant, etc.

CLARA.

Et le tour est fait.

SUZANNE.

Clara, n'as-tu pas des violettes à m'offrir*?..

* C. S.

CLARA.

Non, Madame... M. de Montclard n'en a pas envoyé ce matin.

SUZANNE.

Ah! il me boude...

CLARA.

Encore une victime de Madame... Ah! il est parti bien contrarié, hier.

SUZANNE.

Ça ne fait rien... il reviendra.

UN DOMESTIQUE, paraissant au fond, portant un pot de fleurs dans lequel est un camélia.

De la part de M. de Montclard. (Il remet le pot à Clara et sort.)

SUZANNE, sans regarder.

J'en étais sûre... Donne, petite... (Clara lui présente le pot.) Quel est cet arbuste?.. un camélia...

CLARA.

Avec un billet...

SUZANNE, prenant le billet attaché au camélia.

« Madame, vous êtes une coquette... je vous ai aimée parce que vos yeux me disaient que vous en seriez bien aise... Après trois mois de cour assidue, la tête en feu, le cœur perdu, je me suis jeté à vos pieds... vous avez sonné votre femme de chambre... puis vous m'avez ri très-gracieusement au nez... Adieu, Suzanne... je vous pardonne ma mort... » Ah! mon Dieu!.. le malheureux!..

CLARA.

Il faut courir...

SUZANNE.

Attends... il y a un post-scriptum *... « Au moment où j'applique sur mon front brûlant l'arme fatale, on sonne chez moi... c'est mon ami Jules de Belligny, qui vient me chercher pour essayer des chevaux qui lui arrivent de Londres... je ne me tuerai pas. »

CLARA.

Le lâche!

SUZANNE.

Pas un qui ait du cœur!.. Et tu ne veux pas que je me moque de ces gens-là!.. « Tous les matins, je vous envoyais des violettes à votre lever... ce camélia vous dira que la saison des pures violettes est à jamais finie... ce camélia me vengera. » Ah! le misérable!... m'envoyer un camélia... à moi... j'étouffe! . Quelle indignité!.. cette fleur!.. ah!.. (Elle saisit le pot de fleurs et le lance par la fenêtre.)

CLARA, avec un cri.

Ah! Madame !

* S. C.

LA VOIX DE COQ-HÉRON, en dehors.

Nom d'un petit bonhomme !.. qui est-ce qui jette des jardins par la fenêtre ?

LES DEUX FEMMES.

Ah !.. (Elles demeurent immobiles.)

SUZANNE.

Qu'ai-je fait ?

LA VOIX DE COQ-HÉRON.

Ah çà ! mais, elle est mauvaise, celle-là !

SUZANNE.

Un passant !..

CLARA.

Il s'est éloigné...

SUZANNE.

Je n'entends plus rien. (Respirant.) Ah ! nous sommes sauvées. (Un violent coup de sonnette ébranle l'appartement.)

CLARA.

Nous sommes perdues !

SUZANNE, reculant peu à peu vers la porte de sa chambre à coucher.

C'est lui!... Clara... reçois-le... fais-lui mes excuses... dis-lui...

COQ-HÉRON, ouvrant brusquement la porte du fond.

On demande le locataire !

SUZANNE.

Ah! (Elle pousse un cri et disparaît à gauche. Coq-Héron a son chapeau écrasé, son habit couvert de terre. Il tient le camélia dans ses bras.)

SCÈNE II.

COQ-HÉRON, CLARA*.

COQ-HÉRON, furieux.

Où est le locataire?

CLARA.

Monsieur, il est sorti.

COQ-HÉRON.

C'est matériellement impossible... Pour qu'il ait pu me jeter cet arbre à la tête, il faut qu'il soit rentré. Je réclame mon assassin, je veux le traîner devant le bailli de cet arrondissement.

CLARA.

Mais, Monsieur...

COQ-HÉRON.

Mais... mais..! et l'on dit que Paris est une ville civilisée**!...

* Coq. Cl.
** Cl. Coq.

quand en pleine rue de Provence on est assassiné à deux
heures trente-sept minutes de l'après-midi, par un soleil superbe... Il y a un gros monsieur qui passait à côté de moi, il
n'a rien reçu ; pourquoi cette préférence à mon égard ?

CLARA.

Mais encore une fois, Monsieur...

COQ-HÉRON, posant le camélia sur la table.

Mais, malheureuse, je signe mon contrat aujourd'hui*,
dans une heure vingt – trois minutes... Mais le tabellion
taille sa plume... mais j'épouse mademoiselle Zoé-Herminie-
Lucienne-Marie-Charlotte-Emma Jolivet. Toute la tribu des
Jolivet est là sur son trente et un... ou son trente-quatre, je
ne sais pas au juste le numéro... elle m'attend avec du linge
fin et des chapeaux neufs... Et quand elle espère un jeune
homme bien mis, tu veux que je lui serve un Robert-Macaire ?..
(Il se coiffe.) J'ai l'air de jouer dans les Chevaliers du Brouil-
lard à la Porte-Saint-Martin.

CLARA.

Certainement, Monsieur, mais...

COQ-HÉRON.

Mais ce chapeau m'a coûté vingt francs. Il n'y a que les
millionnaires qui aient le droit d'acheter tous les jours des
vingt francs de chapeau... Je ne suis pas riche, moi... j'ai des
petites voitures à 62, 50... Mais elles ne bougent pas, les mal-
heureuses !... et tu veux que je fasse des folies chez les chapeliers !... Ah ! ah ! ah ! cette fille m'amuse... elle pousse à la
consommation... Tu as des chapeliers dans ta famille, toi ?..

CLARA.

Moi, Monsieur, mon père est dégraisseur.

COQ-HÉRON, ôtant son habit.

Eh bien ! envoie-lui mon habit**... (Il le jette à Clara.) Je ne
sors pas d'ici sans avoir mes vingt francs... j'ai du caractère,
sacrebleu !.. je m'incruste à cette chaise. (Il s'assied près du guéridon.)

CLARA.

Il est très-difficile à congédier, ce monsieur-là.

COQ-HÉRON, regardant le portrait.

Quelle est cette peinture ?.. Ah ! qu'il est vilain, ce coco-là !..
Il ressemble au sire de Framboisy.

CLARA, gravement.

Monsieur, c'est mon ancien maître... mais il est défunt !..

COQ-HÉRON, se levant.

Allons donc !.. il a une mine superbe ! (Chantant avec colère sur
l'air du sire de Framboisy, en s'adressant au portrait.)

* Coq. Cl.
** Cl. Coq.

> De dessus ma tête   )
> T'as jeté un pot de fleurs.) bis

CLARA.

Monsieur, je vous jure que ce n'est pas lui.

COQ-HÉRON.

Si ce n'est lui, c'est donc son frère ? (Chantant.)

> On d'mande le frère
> Du sir' de Frambroisy,
> Pour qu'il me paye
> Le chapeau que voici
>   Tra la la la.
> Je veux mes vingt francs,
>   Tra la la la.

(Entre Suzanne d'un air très-grave.)

COQ-HÉRON, s'arrêtant abasourdi, à part.

Bigre !.. une femme ! (Il fait force saluts d'un air gêné. Il est toujours en manches de chemise. Suzanne va au canapé de gauche, prend son porte-monnaie et en tire un louis.)

SCÈNE III.

LES MÊMES, SUZANNE*,

COQ-HÉRON.

Une femme ! (A part.) Toilette légèrement tapageuse ! Serais-je chez une biche, comme dit M. Nestor Roqueplan dans son feuilleton.

SUZANNE, avec une gravité ironique, lui présentant un louis**.

Voici vingt francs... Monsieur... Malgré ce remboursement, croyez, que je n'en demeure pas moins désolée de l'accident terrible causé par ma maladresse ; mais soyez sûr que j'expierai ma faute, par un repentir de toute ma vie... Chez moi, Monsieur, il n'entrera plus désormais une fleur... Je ferai griller toutes les fenêtres... Et peut-être un jour, témoin de mes efforts, me pardonnerez-vous.

COQ-HÉRON.

Mon Dieu ! Madame, soyez persuadée... de mon côté... si j'avais su...

SUZANNE.

Je suis persuadée, Monsieur !.. Encore une fois, prenez cet argent !..

* S. Cl. deuxième plan, Coq.
** Cl. S. Coq.

COQ-HÉRON.

Croyez, Madame, que je suis au-dessus de ça!.. Je gagne quelques petites choses dans ma profession, et puis, il faut bien espérer que les petites voitures finiront... (Bas à Clara, qui est près de lui.) Donne-moi donc mon habit!.. (Il le met. Haut à Suzanne.) Vraiment, j'ai fait une entrée si brutale... il m'est échappé des expressions dont je déplore la crudité... croyez que les élégances de la langue française me sont plus familières. (Il salue.)

CLARA, à part, riant.

Pauvre jeune homme!

SUZANNE, à Clara, en désignant le portrait.

N'oubliez pas, Clara, ce que je vous ai dit pour le portrait de mon mari.

CLARA.

Non, Madame.

COQ-HÉRON, à part.

Son mari!.. c'est une veuve!.. (Haut.) Madame, je retire le mot Framboisy.

SUZANNE.

Je ne vous comprends pas, Monsieur.

COQ-HÉRON, à lui-même.

Tant mieux... (En extase devant le portrait.) C'est une bien belle tête... Il ressemble au portrait de Raphaël peint par lui-même... et à la Mignon, de Goëthe... sans favoris... Et puis il a l'air bon... on en mangerait.

SUZANNE.

Mon Dieu, Monsieur, je crains d'abuser de vos instants.

COQ-HÉRON.

Certainement, Madame, que... Agréez l'expression des sentiments distingués avec lesquels j'ai l'honneur d'être*. . (En saluant pour se retirer il renverse une chaise. Il veut gagner la porte et renverse un petit chinois qui se trouve sur le guéridon et qui se brise.

CLARA.

Ah! (Elle ramasse les débris.)

COQ-HÉRON.

Sapristi!..

SUZANNE.

Ciel!.. mon petit chinois en porcelaine.

CLARA.

Il a fait de jolies choses! (Elle sort à gauche.)

* Cl. Coq. S.
** Coq. S.

SCÈNE IV.

SUZANNE, COQ-HÉRON.*

SUZANNE.

Une trouvaille que j'ai payée quatre cents francs.

COQ-HÉRON.

Quatre cents francs!.. voilà, Madame. (Il fouille dans sa poche.)
Je ne veux pas avoir un chinois sur la conscience.

SUZANNE.

Eh! Monsieur! gardez votre argent.

COQ-HÉRON, avec l'accent de la dignité froissée.

Permettez, Madame : vous voulez me payer un chapeau, et
vous ne voulez pas que je vous offre un chinois!

SUZANNE.

Non, Monsieur, je vous supplie de me laisser.

COQ-HÉRON, très-ému.

Madame, je ne m'en irai pas sans que vous sachiez que le
jeune homme qui est devant vous est un jeune homme plein
de qualités...

SUZANNE, à part.

Il est assommant, ce Monsieur. (Elle va s'asseoir sur le divan et
prend une broderie.)

COQ-HÉRON, paraissant derrière le canapé et allant s'asseoir auprès d'elle.

Je vais vous raconter mon histoire : Fils d'un vieux mili-
taire criblé de blessures... mais pauvre... (Suzanne jette sa broderie, se lève avec impatience, va à son piano et joue une polka.*) Ça ne
l'intéresse pas encore! (Il se lève, et suivant malgré lui le mouvement
de la polka, il raconte son histoire tout en polkant.) Fils d'un vieux mi-
litaire criblé de blessures, mais pauvre, j'obtins une bourse
dans un collège où je fis de brillantes études... Mais il fallait
choisir une carrière... Ma pauvre mère... (A Suzanne qui joue.)
Pressez un peu le mouvement... Ma pauvre mère, bonne et
digne femme que j'ai le bonheur de posséder encore, et qui
est fière de moi... (Polkant.) Tout seul, ça ne va pas... (Clara
rentre.) à nous deux, Lisette. (Il s'empare de Clara qui rit aux larmes,
et se met à polker avec elle.) Ma pauvre mère voulut que je me des-
tinasse au barreau... et maintenant j'y ai des succès, je crois
être une des gloires du barreau moderne...

SUZANNE, se levant.

Eh bien! ils dansent! Clara, je vais vous chasser**.

CLARA.

Oh! Madame, il est si drôle...

* S. Coq.
** Cl. S. Coq.

SUZANNE.

Décidément, Monsieur, vous disposez de mon appartement... vous vous établissez chez moi!..

COQ-HÉRON.

Jusqu'à ce que vous m'ayez pardonné, Madame...

SUZANNE.

Vous attendrez longtemps, je vous en préviens. (Elle s'assied sur le canapé de gauche **.)

COQ-HÉRON.

Ça m'est égal... c'est aujourd'hui mardi... je n'ai de rendez-vous d'affaires que dimanche matin.

CLARA.

Eh bien!.. et votre mariage?

COQ-HÉRON.

Oh! c'est un mariage de convenances, la secte des Jolivet attendra. (Il s'installe dans un fauteuil.)

SUZANNE, assise sur le sofa et brodant avec colère.

Clara, lis-moi le journal.

CLARA.

Oui, Madame *... (Elle lit.) « Faits divers. — *Emprunt espagnol*... on souscrit à Paris... Madame, on dit que c'est une très-bonne affaire.

COQ-HÉRON.

Oui... pour... les Espagnols... hi! hi! hi!.. (A part.) Elle ne rit pas... elle n'a pas compris...

CLARA, lisant.

« Le Jardin des Plantes vient de recevoir un animal extraordinaire... un bouc qui possède deux paires de cornes.. Oh! Madame!.. deux paires de cornes!..

COQ-HÉRON.

C'est un veuf qui s'est remarié.

SUZANNE, se levant.

Monsieur!...

COQ-HÉRON, à part, se levant.

Elle a compris celui-là.

SUZANNE.

Clara, va chercher la garde **...

CLARA.

La garde!

COQ-HÉRON, à part.

Des militaires! sapristi!.. (Haut.) Madame, je pars...

SUZANNE.

C'est heureux!

COQ-HÉRON.

Vous ne voudriez pas me laisser aller dans la rue avec un chapeau qui a éprouvé des malheurs.

* Cl. S. Coq.
** S. Cl., deuxième plan, Coq.

SUZANNE.

Voulez-vous, Monsieur, que je vous prête un des miens?

COQ-HÉRON.

Oh! non!.. cela me ferait trop remarquer!.. et puis, nous n'avons pas la même tête!.. Permettez que votre soubrette aille me quérir une autre coiffure.

SUZANNE, impatientée.

Clara!.. allez chercher un chapeau à Monsieur!

COQ-HÉRON, à Clara.

Prends celui-ci pour mesure.

SUZANNE.

Après quoi, vous partirez!..

COQ-HÉRON.

Immédiatement. (A Clara.) Voilà cinq louis pour toi... va vite, et ne cause pas avec Frontin.

CLARA.

Frontin!..

COQ-HÉRON.

Et ne t'arrête pas chez le portier.

CLARA, riant et en sortant.

Ah! le drôle de petit bonhomme!

SCÈNE V.

SUZANNE, COQ-HÉRON *.

SUZANNE, à part, s'asseyant.

Et je ne me vengerai pas des manières impertinentes de ce petit Monsieur!.. (Voyant la lettre qu'elle a déchirée.) Ah! je tiens ma vengeance!

COQ-HÉRON, à lui-même.

C'est une femme charmante! (A part.) Je ne veux pas qu'elle garde de moi la pensée que je puis être un Savoyard!.. (Il se promène... et voyant une mandoline sur le piano :) Vous en pincez, Madame?..

SUZANNE.

Oui, Monsieur...

COQ-HÉRON.

Moi aussi... vous allez voir. (Il prend la mandoline.) « Le Chapeau du bachelier Pedro... » C'est une romance que j'emprunte à l'Espagne... voilà comment je comprends l'emprunt espagnol... (Suzanne sourit. A part.) J'ai bien fait de le replacer... (Haut.) Premier couplet : (Il chante en s'accompagnant sur la mandoline, tout en appuyant son pied sur une chaise près du guéridon.)

Air nouveau (MANGEANT).

D'une fenêtre de Séville, .
Cette andalouse et folle ville,

* S. Coq.

Une belle laissa
Choir un camélia,
En plein sur le chapeau
Du bachelier Pedro.
    Tra la la la la
    Tra la la la la
        La la.

Alors, le bachelier s'emporte :
De la belle il franchit la porte,
    Et se conduit comme un
    Espagnol du commun.
    Mais sitôt qu'il la vit
    Pedro se repentit.

    (Il se rapproche de Suzanne)
    Ah! ah! ah! ah!
    Ah! ah! ah! ah!
    Il demande pardon,
    Mais l'accordera-t-on?..

SUZANNE, parlé, le regardant.

Plaît-il, Monsieur?..

COQ-HÉRON, reprenant vivement sa position et continuant.
    Ceci se passait à Séville
    En dix-huit cent cinquante-six,
    Dans l'andalouse et folle ville
    Des marquises aux noirs sourcils.

SUZANNE, souriant.
Mais vous êtes très-musicien, Monsieur...
        COQ-HÉRON, avec modestie.
J'en pince agréablement.
            SUZANNE.
Je ne suis pas de votre force... Vous permettez!.. (Elle prend
la mandoline.) Je vais essayer le second couplet. (Elle chante en s'ac-
compagnant.)

Même air.

    Là dame fut bien en colère!
    Le tendre Pedro pour lui plaire,
        Sa mandoline en main,
        Exhala son chagrin;
        Et la dame écouta
        Le refrain que voilà.
            Tra la la la la

* S. Cl. deuxième plan, Coq.

Tra la la la la
La la.

D'un air triste il disait : Pardonne !
Et comme la dame était bonne,
Devant ce repentir
On la voyait faiblir ;
Toujours elle écoutait
Pedro qui roucoulait.
Ah ! ah ! ah ! ah !
Ah ! ah ! ah ! ah !
Et son regard, dit-on,
Accorda le pardon.

COQ-HÉRON, avec transport.

(Parlé.) Quoi !.. Madame !.. il se pourrait !

SUZANNE, reprenant le refrain.

Ceci se passait à Séville
En dix-huit cent cinquante-six,'
Dans l'andalouse et folle ville
Des marquises aux noirs sourcils.

COQ-HÉRON, dans l'enthousiasme.

Elle est adorable !.. ah ! Madame !.. ah ! Madame !..

SCÈNE VI.

LES MÊMES, CLARA.

CLARA, entrant *.

Monsieur, voilà un chapeau neuf.

COQ-HÉRON, à part, contrarié.

Sapristi !.. elle arrive bien !.. (A Clara.) Va-t'en !

CLARA.

Mais, Monsieur...

COQ-HÉRON.

Va-t'en à la cuisine... il y a quelque chose qui brûle... (Il pousse Clara et la fait sortir à droite.)

SCÈNE VII.

COQ-HÉRON, SUZANNE.**

COQ-HÉRON, à part, avec enthousiasme.

Ah ! Madame... ah ! Madame !..

SUZANNE, toujours sur le divan de gauche.

Maintenant, Monsieur, vous avez votre chapeau...

* S. Coq. Cl.
** S. C.

COQ-HÉRON.

Permettez, Madame...

SUZANNE.

Votre contrat se signe aujourd'hui... et la tribu des Jolivet...

COQ-HÉRON.

Ça ne fait rien... un mariage de convenances...

SUZANNE.

Mais votre fiancée...

COQ-HÉRON.

Elle attend depuis dix-huit ans!.. elle peut bien attendre deux heures de plus...

SUZANNE.

Dix-huit ans!.. Elle est jeune?

COQ-HÉRON.

Le beau mérite!... qui est-ce qui n'est pas jeune?.. Les vieillards... et encore... et puis, elle est blonde...

SUZANNE.

Une nuance charmante...

COQ-HÉRON.

Une nuance alsacienne.

SUZANNE, riant.

La Vénus de Strasbourg.

COQ-HÉRON, riant et s'asseyant près d'elle.

La Vénus à la chope... Quoi qu'en dise le comité des blondes, le premier devoir d'une jolie femme est d'être brune...

SUZANNE, lui souriant.

Vous croyez ?..

COQ-HÉRON, à part.

Sapristi !.. mais elle me fait de l'œil...

SUZANNE.

Qu'avez-vous, Monsieur?

COQ-HÉRON, s'animant.

Ah! tenez, Madame, je suis fataliste... Ce camélia, je le bénis... S'il ne m'a pas tué, c'est que je dois vivre pour vous... voilà le langage... le vrai langage des fleurs...

SUZANNE, avec coquetterie.

Allons donc !.. c'est une plaisanterie...

COQ-HÉRON, s'animant davantage.

Une plaisanterie !.. non, Madame, je ne sais plus ce qui se passe en moi... j'ai la fièvre... mon cœur bat... Tenez, donnez-moi la main, un peu pour voir... L'air que je respire dans ce boudoir me grise comme du champagne... Vous m'avez pardonné... vous m'avez souri... Ah! je deviens fou... mon

* Coq. S.

cœur est en feu... je brûle... je vous aime, Madame... je vous aime !.. (Il se jette à genoux.)

SUZANNE, radieuse. Elle tire violemment le cordon de la sonnette et se lève. Clara paraît au troisième plan à droite.

Clara, un verre d'eau pour Monsieur...

CLARA.

Voilà, Madame. (Elle sort.)

SUZANNE, passant derrière le canapé.

Ça vous calmera... (Elle va prendre sur le guéridon le chapeau neuf*, s'approche de Coq-Héron, toujours à genoux, et le lui donne en lui riant au nez.)

Ceci se passait à Séville
En dix-huit cent cinquante-six.

COQ-HÉRON, toujours à genoux.

Mais... Madame...

SUZANNE.

Dans l'andalouse et folle ville
Des marquises aux noirs sourcils.

(Elle rentre à droite, troisième plan, en riant aux éclats.)

SCÈNE VIII.

CLARA, COQ-HÉRON.

(Clara apporte le verre d'eau *.)

COQ-HÉRON, se relevant.

Elle s'est moquée de moi !... c'est mal !... c'est très-mal !... (Avec une émotion qui redouble à mesure qu'il parle.) Car enfin, si mon entrée a été de mauvais goût... je lui ai demandé pardon... et, comme elle est jolie... moi qui ne vois que des avoués et des notaires, un tas de gens très-vilains... surtout en province... j'ai eu comme un éblouissement...

CLARA, lui présentant le verre d'eau.

Monsieur...

COQ-HÉRON.

Laisse-moi tranquille, toi! (A lui-même.) Tout homme a le droit de dire à une femme : Je vous aime !.. Aucune femme n'a le droit de se moquer de lui... s'il est sincère... et j'étais sincère !.. D'ailleurs, je ne suis pas le premier venu **.. je suis un brave garçon... moi... défenseur de la veuve et de l'orphelin, et généralement de tous les filous qui veulent bien m'honorer de leur confiance... Dernièrement, j'ai rendu à la société un monsieur qui avait coupé sa femme en tout petits

* Cl. Coq.
** Coq. Cl.

morceaux... Je crois que c'est assez gentil, hein? Ce n'est pas le premier venu qui ferait ça... il faut encore avoir passé pas mal d'examens!.. (Il tire une carte de sa poche et la jette sur le guéridon.)

CLARA.

Certainement, Monsieur... si Madame avait su...

COQ-HÉRON.

Où est mon chapeau?.. ah! je l'ai à la main...

CLARA, lui donnant le chapeau écrasé.

Eh bien... et l'autre... celui qui a eu des malheurs?..

COQ-HÉRON, l'examinant.

En le faisant retaper... Enfin!.. (Mettant le chapeau.) Adieu, Marinette...

CLARA, lui montrant le verre d'eau.

Décidément, Monsieur, vous ne voulez pas...

COQ-HÉRON.

Je n'ai pas soif!.. (Il sort par le fond.)

SCÈNE IX.

CLARA, puis SUZANNE *.

CLARA.

Il m'intéresse, ce petit-là... il était si ému...

SUZANNE, entrant en riant.

Il est parti... enfin!..

CLARA.

Oui, Madame... et bien désolé, je vous jure. (Elle va porter le verre d'eau dans la coulisse à gauche.)

SUZANNE, étouffant son rire.

Assez!.. ne vas-tu pas le défendre!.. Ah! la bonne figure... quand je lui ai offert ce verre d'eau... que c'est amusant...

CLARA.

Oh! Madame... il était si gentil!..

SUZANNE.

Il est affreux!.. pas de distinction... pas le moindre cachet... Ah! ah! ah!.. était-il penaud!.. ah! ah! ah! quand il était... ah! ah! ah!.. là... à genoux... l'air effaré... ah! ah! ah!..

CLARA.

Dame! Madame... c'est une singulière position, pour un avocat.

SUZANNE.

Avocat! lui!..

CLARA.

Défenseur de la veuve, de l'orphelin, et généralement de

* Cl. S.

tous les filous qui veulent bien l'honorer de leur confiance!..
c'est lui qui me l'a dit .. voilà sa carte... (Elle la lui donne.)

SUZANNE, lisant.

« Alfred Coq-Héron!.. » Mais, c'est mon avocat... c'est lui
qui a plaidé pour moi...

CLARA.

Ah! bah!

SUZANNE.

Ah! bon Dieu!.. qu'ai-je fait!.. un garçon charmant... Car
il est charmant, Clara *.

CLARA.

Je crois bien, Madame.

SUZANNE.

Une distinction, un esprit, un talent, un cœur!..

CLARA.

Et qui danse la polka.

SUZANNE.

Et qui chante! Ah! que j'ai été mal inspirée... je veux lui
parler.

CLARA.

Il doit être maintenant dans la rue.

SUZANNE.

Que faire?

CLARA.

Si Madame lui jetait encore quelque chose par la fenêtre...

SUZANNE.

Y penses-tu?.. Clara... cours après lui... ramène-le... dis-
lui... (Coq-Héron paraît à la porte du fond.) C'est lui! (Clara sort.)

SCÈNE X.

SUZANNE, COQ-HÉRON, CLARA **.

COQ-HÉRON, avec un grand calme, un chinois à la main.

Madame, dans notre position respective, je ne veux rien
avoir à vous... Je vous dois un petit chinois... le voilà. Il est
très-laid... mais il coûte fort cher... Il y a de la hausse sur les
chinois... (Il le pose sur le guéridon.) Maintenant, agréez, Madame... (Fausse sortie.)

SUZANNE, très-agitée.

Monsieur Coq-Héron...

COQ-HÉRON, regardant sa montre.

Quatre heures moins un quart, et mon contrat...

* S. Cl.
** S Coq.

SUZANNE.

Un mariage de convenances...

COQ-HÉRON.

Sans doute, mais, le clan des Jolivet...

SUZANNE.

Vous attendra... Je ne veux pas que vous partiez ainsi...
Comment, Monsieur, vous êtes avocat?..

COQ-HÉRON.

Alfred Coq-Héron... le dernier des Coq-Héron... Si je n'ai
pas d'enfants, la race s'éteint... mais je tâcherai d'en avoir.

SUZANNE.

Mais, Monsieur... vous avez plaidé pour moi... à Tours...
vous avez sauvé une partie de ma fortune...

COQ-HÉRON.

C'est bien possible... serait-ce par hasard la veuve Montaubin
que j'ai l'honneur de saluer...

SUZANNE.

Oui, Monsieur... et ma reconnaissance.

COQ-HÉRON, froidement.

Vous ne m'en devez pas, Madame, vous m'avez payé mes
honoraires... vous êtes quitte avec moi... Peut-être auriez-vous
pu être un peu moins cruelle... mais vous ne me connaissiez
pas...

SUZANNE.

Monsieur Coq-Héron, pardonnez-moi.

COQ-HÉRON.

Je vous pardonne, Madame... trop heureux d'avoir pu vous
faire rire pendant quelques secondes... Après tout, j'étais bien
fou, bien ridicule, d'oser croire... Est-ce qu'on peut m'aimer,
moi?.. Qu'est-ce que je suis dans le monde?.. un petit robin
de province, bien modeste, bien ignoré... Pourquoi m'aimerait-
on?.. Est-ce que je vais aux courses de La Marche avec un
grand voile vert sur mon chapeau et de la poussière sur mes
habits... comme les jolis messieurs!..

SUZANNE.

Monsieur Coq-Héron...

COQ-HÉRON.

Est-ce que j'ai une raie au milieu de la tête... Allons donc!..
je suis un être obscur, indigne d'être aimé... et quand mon
cœur s'émeut, on lui dit, comme au pauvre chien qui veut
faire le gentil : « A bas les pattes! » (Tirant son mouchoir et s'asseyant sur le canapé de droite.)... Ah! Madame, vous m'avez fait
de la peine.

SUZANNE.

Comment!... c'était donc vrai... ce que vous me disiez tout
à l'heure... vous le pensiez?

COQ-HÉRON, s'animant.

Si je le pensais!

SUZANNE.

Eh bien ! si, à mon tour, je vous disais qu'en lisant vos brillantes plaidoiries je regrettais de n'être pas là... j'aurais voulu vous voir avec ce geste noble, cette éloquence entraînante, cette physionomie expressive...

COQ-HÉRON.

Qu'entends-je ?..

SUZANNE.

Ah ! tenez, je ne sais ce que je dis ! (Elle s'assied à côté de lui.) je ne sais ce que j'éprouve !..

COQ-HÉRON.

Ça vous fait frou frou dans les oreilles, comme à moi, tout l'heure !..

SUZANNE.

Et je vous ai méconnu, repoussé.

COQ-HÉRON.

Quand un seul mot de votre bouche eût suffi pour...

SUZANNE.

Oui !.. marcher deux dans la vie, la main dans la main... n'avoir qu'une pensée, qu'une âme, qu'un cœur !..

COQ-HÉRON.

Eh ! quoi ! je pourrais espérer...

SUZANNE.

Je n'ai pas dit ça !

COQ-HÉRON.

Non... mais vous allez le dire... Oh ! dites-le, Madame, dites-le, ce mot charmant, cette musique du cœur, cette symphonie céleste ! vous m'aimez !.. dites-le, Madame, dites-le !

SUZANNE.

Eh bien ! oui, je vous aime !

COQ-HÉRON, radieux, se levant.

Allons donc !.. (Il sonne violemment. Clara paraît.) un verre d'eau pour Madame !

CLARA, étonnée.

Hein ?

SUZANNE.

Un verre d'eau !

COQ-HÉRON, froidement, passant derrière le rideau.
Ceci se passait à Séville
En dix-huit cent...

(Il regarde sa montre.)

SUZANNE, à part, se levant.

Monstre ! (Changeant de ton. Haut.) C'est assez fort ce que vous avez fait là ! (Elle rit.)

COQ-HÉRON, riant, à part.

Elle prend la chose gentiment... c'est une femme d'esprit. (Haut.) Vous êtes une femme d'esprit... (Lui présentant la main.) Sans rancune ?

SUZANNE, après hésitation, lui donnant la sienne.

Sans rancune !

CLARA, entrant.

Voici le verre d'eau.

COQ-HÉRON.

Y a-t-il de la fleur d'oranger ?

CLARA.

Oui.

COQ-HÉRON.

Eh bien !.. bois-le... (Saluant Suzanne.) Madame...

SUZANNE, saluant.

Monsieur...

COQ-HÉRON, fredonne en remontant.

Dans l'andalouse et folle ville
Des marquises aux noirs sourcils.
(Il sort.)

FIN.

LAGNY. — Imprimerie de VIALAT.